Die schönsten Geschichten von Prinzessinnen und Feen

Inhalt

Matildes Geburtstag

Heute ist Matildes Geburtstag,
doch scheinbar haben ihn alle
vergessen!
Es ist ein wunderschöner
Frühlingstag und der ganze
Garten ist voller Blumen.

Ein Meer von Farben und
Düften, die die Luft erfüllen.
Doch Matilde nimmt all diese
Schönheit gar nicht wahr,
weil sie so traurig und
betrübt ist.

„Keiner hat an meinen Geburtstag gedacht und ich bekomme nicht einmal ein einziges Geschenk!"

Matilde beginnt zu weinen und so bemerkt sie gar nicht das seltsame Funkeln zwischen den hohen Grashalmen neben dem Blumenbeet.

Als sie aber ganz in Gedanken einem davonfliegenden Schmetterling nachsieht, wird sie doch darauf aufmerksam.

Aufgeregt springt sie auf und sieht nach. Sie findet eine Kugel, kaum größer als eine Orange.

Sie ist durchsichtig und schillert in den Farben des Regenbogens – ganz wie Seifenblasen, in denen sich der Himmel spiegelt.

Matilde streckt ihre Hand aus und berührt die seltsame Kugel. Sie sieht zwar aus wie eine große Seifenblase, doch wenn sie berührt wird, zerspringt sie nicht zu kleinen Wassertropfen. Matilde hält die Kugel, die immer mehr zu leuchten beginnt, neugierig in ihren Händen. Schließlich umgibt ein starkes und buntes Licht das Mädchen und alle Blumen des Gartens.

„Herzlichen Glückwunsch zum Geburtstag, Matilde!", lässt sich ein zartes Stimmchen hören.

„Herzlichen Glückwunsch von den Blumen-prinzessinnen!"

Vor Erstaunen weiten sich Matildes Augen.

„Wer … wer bist du denn?"

„Wer seid ihr, möchtest du wohl
sagen!", antworten viele glo-
ckenhelle Stimmen im Chor.
„Wir sind die Blumen-
prinzessinnen und wir möchten
dir zu deinem Geburtstag etwas
schenken." Matilde reibt sich die
Augen. Sie kann einfach nicht
glauben, was sie da hört und
sieht.
„Ein Geschenk für mich?"
„Na sicher! Such dir deine
Lieblingsblume hier im Garten
aus und für einen Tag wirst du

die Prinzessin dieser Blume sein. Du darfst uns in unser verwunschenes Reich begleiten und dort einen ganzen Tag mit uns verbringen!"

„Eine Blume?" Matilde blickt sich fragend um. Da gibt es wunderschöne Rosen, duftende Glyzinien, Gladiolen und Iris. Doch Matildes Lieblingsblume ist ohne Zweifel der Klatschmohn, der mit seinem feurigen Rot inmitten des hohen Grases vor Fröhlichkeit zu sprühen scheint. „Ich

wähle den Klatschmohn! Ich möchte die Prinzessin
Klatschmohn sein!", ruft Matilde glücklich.
„Wir erfüllen dir deinen Wunsch!", antwortet das
Stimmchen und eingehüllt in einen Wirbelwind
aus Licht und Blütenblättern wird Matilde zur
Prinzessin Klatschmohn gekrönt.
Gleich umringen und feiern sie viele andere Blumen-
prinzessinnen. Alle sind sie farbenfroh, fröhlich
und duftend.
„Komm mit uns! Wir tanzen alle zusammen zu deinen
Ehren!" Sie nehmen Matilde bei der Hand und schon
auf dem Weg beginnen sie, auf den vor Tau schillern-
den Blütenblättern zu tanzen.
„Wie schön sind die Blumen, wenn man ihnen so nahe
ist!" Matilde ist überglücklich in ihrem Kleid aus

Klatschmohnblüten. Es ist so leicht wie eine rote Wolke. Auf dem Kopf trägt sie ein kleines goldenes Krönchen, das im Sonnenschein leuchtet.

„Betrachte genau die Schönheit der Blumen! Jede von ihnen schenkt dir wundervolle Düfte und Farben."

Die Blumenprinzessinnen begleiten sie auf einen Streifzug durch alle Teile des Gartens, die Matilde noch nie wirklich wahrgenommen hatte. „Ich bin so oft in den Garten gekommen, doch noch nie habe ich

die Schönheit der Blumen so gesehen." Und genau das ist Matildes Geburtstagsgeschenk: Sie lernt, all das, was sie umgibt, genau zu betrachten.

Der Abend ist da und alle Blumenprinzessinnen hüllen sich in ihre vielfarbigen Blütenkronen. Matilde schläft auf einem großen, glänzenden Blatt ein … Bei Sonnenaufgang reicht ein Sonnenstrahl bis an das Bett des Mädchens. Rings um es herum liegen viele, viele in buntem Papier verpackte Geschenke.

Matilde erwacht. „Heute ist mein Geburtstag!
Und niemand hat ihn vergessen! So viele
Geschenke habe ich bekommen!" Zuallererst
wählt Matilde ein klitzekleines, buntes Päck-
chen, das einen geheimnisvollen Duft zu ver-
strömen scheint. „Was wird da wohl drinnen
sein?", fragt sich Matilde neugierig.
Sie löst das rote Geschenkband und öffnet
einen winzig kleinen Koffer. Darin findet sie
eine kleine Klatschmohnblüte, an deren Stiel
ein Briefchen befestigt ist:

„Herzlichen Glückwunsch von deinen neuen
Freundinnen, den Blumenprinzessinnen!"

Friedrich, der wunderschöne Frosch

In einem versteckt liegenden
Dorfteich lebt ein kleiner grüner,
wunderschöner Frosch!
Er heißt Friedrich. Friedrich
ist nicht gerade bescheiden.
Im Gegenteil: Er glaubt felsenfest
daran, ganz wunderschön zu
sein. Und damit das auch immer
so bleibt, putzt und putzt er
sich den ganzen Tag.

Natürlich muss sich ein so wunderschöner Frosch auch eine genauso wunderschöne Frau suchen – glaubt er. Und so hat er sich ausgerechnet in die jüngste Tochter des Teichkönigs verliebt, die wunderschöne Prinzessin Lea.

Eines Tages spiegelt er sich sehr zufrieden im Wasser. „Heute bin ich wirklich wunderschön, da muss sich Lea einfach sofort in mich verlieben, wenn sie mich sieht!", quakt er da und hüpft zu den blühenden Teichrosenblättern, auf denen der Teichkönig sein Sumpfreich gebaut hat.

„Lea!", krächzt er mit seiner lauten Stimme. „Komm doch her und schau wie schön ich bin!"

Lea tanzt mit den anderen Prinzessinnen einen Ringelreihen auf dem Wasser, als sie die Rufe Friedrichs hört. Sie hört auf zu tanzen und schwebt elegant zu ihrem Verehrer. „Hallo, mein Lieber", begrüßt sie ihn sehr wohlerzogen und freundlich. „Wie geht es dir denn heute?"

„Na wunderbar geht es mir! Bin ich heute nicht noch viel schöner als gestern? So hübsch bin ich, dass du dich bestimmt sofort mit mir verloben möchtest, nicht wahr?"

Lea muss ein Kichern unter-
drücken. „Ach du Dummerchen.
Du weißt doch, dass ich mich
nicht nur für ein hübsches, grünes
Gesicht interessiere! Mein künf-
tiger Mann muss auch bescheiden
sein!"
„Na ja, dann hüpf ich eben
morgen wieder vorbei!" Ent-
täuscht klappt Friedrich sein
großes Mundwerk zu ...

Süße Prinzessinnen

Hast du dir den Obstkorb bei euch zu
Hause schon mal genau angesehen?
Das Obst hat so viele unterschiedliche
Formen und Farben, da kann man sich
gar nicht satt sehen. Und wie lecker
die Früchte duften, so richtig zum Rein-
beißen! Aber wenn du Glück hast und
im richtigen Augenblick ganz genau
hinschaust, kannst du vielleicht sogar
eine kleine Prinzessin sehen. Gut
versteckt zwischen den bunten
Früchten leben nämlich viele kleine

Prinzessinnen. Sie möchten natürlich von niemandem entdeckt werden, weil sie über das Obst im Korb wachen, bis es aufgegessen wird.

Jeden Tag haben die kleinen Hüterinnen die leuchtenden Farben im Obstkorb vor Augen. Da wollen sie natürlich keinesfalls ins Hintertreffen geraten. So versuchen alle Prinzessinnen, die schönen Farben der Früchte zu übertreffen, indem sie besonders prächtige Kleider anziehen. Die Aprikosenprinzessin und die Pfirsichprinzessin sind heute ganz in Samt gekleidet. Allerdings haben sie unterschiedliche Farben gewählt. „Schau nur, wie knallgelb mein Kleid heute ist", sagt die Aprikosenprinzessin, „und weißt du was, ich könnte mir sogar jeden Tag eine andere Farbe aussuchen. Sonnenuntergangsrot, Rosenrot ..." – „Was du kannst, das kann ich schon lange", wird sie da schnell von der Pfirsichprinzessin unterbrochen, die eine ellenlange Aufzählung wittert. „Ich trage heute ein besonders kräftiges Parfüm. Da läuft den Kindern so richtig das Wasser im Mund zusammen, wenn sie ihre Nase in den Obstkorb stecken."

Die Apfelprinzessin hat heute Morgen einen extraglatten und seidigen Stoff ausgewählt, um mit dem echten Apfel konkurrieren zu können. Bei der Farbauswahl ist sie allerdings immer sehr unentschlossen. Mal trägt sie ein frisches Grün, manchmal ein leuchtendes Rot oder Gelb. Und wenn sie sich gar nicht entscheiden kann, nimmt sie einfach mehrere Farben auf einmal. Der Birnenprinzessin hingegen gefallen einfarbige Kleider viel besser. Aber auch ihres leuchtet besonders strahlend, denn sie möchte

um nichts in der Welt hinter dem knalligen Grün der echten Birne zurückstehen. Am meisten fallen aber die Kirschprinzessinnen in ihren roten Kleidern auf! Sie sind alle Schwestern und trennen sich nie. Und da sie alles gemeinsam machen, plappern sie auch immer alle gleichzeitig los. „Lasst uns einen Ausflug machen", rufen sie im Chor. „Hier im Obstkorb ist es heute vor Langeweile ja kaum auszuhalten!" Und schon laufen sie lachend nach draußen.

Heute haben sie besonderes Glück. Die kleinen Prinzessinnen schaffen es nämlich, sich heimlich in den Garten zu schleichen, der sonst meistens verschlossen ist. Sie drängeln sich durch die Gartentür und huschen dann ganz schnell zu ihren Freundinnen, den Blütenprinzessinnen. Die wohnen in den Bäumen und leider können sie sich gegenseitig selten besuchen. Heute sind sie grade bei der ersten Runde Blumenschach, da hören sie schon, wie das Gartentor wieder verschlossen wird. Schnell zurück, heißt das! Zum Glück schaffen sie es gerade noch rechtzeitig, in den Obstkorb zurückzukehren und so zu tun, als ob sie ihn nie verlassen hätten …

Eine Freundschaft
am Meer

Genau dort, wo das Meer am
wildesten auf die Klippen spritzt,
sammeln die Meeresprinzessinnen
den weißen, leichten Schaum.
Daraus machen sie nämlich ihre
wunderschönen Kleider.

Die Meeresprinzessinnen wohnen aber nicht hier, sondern ganz tief unten im Wasser. Dort, wo die Menschen nicht hinkommen. Ihr Königreich erstrahlt in schillernden Farben. Und wie schön ihre Paläste sind! Sie sind zwischen den Klippen versteckt und mit Schaumkronen geschmückt, die wie Spitze aussehen.

Viele der Meeresprinzessinnen haben Freundinnen an Land: die Küstenfeen. Das sind kleine Feen, die in den Wäldern nahe der Küste leben. An den langen Sommertagen treffen sich die Freundinnen am Strand.

Meerwellchen ist die kleinste
Prinzessin und ihre beste Freundin
heißt Ginster. Sie ist eine kleine
Küstenfee.
„Hallo, Meerwellchen!", ruft
Ginster, sobald sie am Abend am
Strand angekommen ist.

„Grüß dich, Ginster! Schau dir bloß
den Himmel an. So einen schönen
Sonnenuntergang hast du noch nicht
gesehen!"
„Oh ja, das stimmt. Der Sonnenuntergang ist so schön, dass ich richtig Lust bekomme bis zu den Klippen

dahinten zu laufen, um den Möwen Gute Nacht zu sagen!" Sofort schwimmt Meerwellchen los und Ginster fliegt auf einem Lufthauch hinterher. Auf der Klippe treffen sie auf eine Möwenfamilie, die es sich dort gemütlich gemacht hat.

Ein anderes Mal treffen sich die
Freundinnen bei Sonnenaufgang,
denn dann finden sie den besten
Meerschaum, um ihre schönen
Kleider zu schneidern.
„Ginster, komm schnell her!
Heute ist der Schaum besonders
leicht!"
In einem silbernen Korb sammelt
Meerwellchen ein bisschen
Meerschaum. Ginster schließt die
schönsten Blumendüfte in einem
Kristallgefäß ein.

„Hm, ich nehme besser auch noch ein
bisschen Gold aus dem Sand, ein klitzekleines Silberkörnchen Mondlicht und
ein Stückchen von dem schönen Rot,
das es gestern beim Sonnenuntergang gab.
Was meinst du, Ginster?"

„Tolle Idee! In mein Gefäß habe ich den Duft von dem Rosmarin-strauch dort hinten gefüllt. Und außerdem ist da noch die Milde der Salbeiblätter und das Goldgelb des Ginsters."

Nach ein paar Tagen treffen sich die beiden wieder und jede von ihnen hat ihr neues Kleid an.

„Oh, dein Kleid hat so schöne Farben!", schwärmt Ginster.

„Und deins erst. Es ist so weich und riecht so gut!"

Meerwellchen und Ginster sind wirklich die allerbesten Freundinnen. Doch leider können die beiden nie ganz nahe zusammen sein. Meerwellchen kann nämlich das Wasser nicht verlassen und Ginster braucht die Luft zum Atmen.

Deshalb ist ihre Freundschaft auch ganz schön schwierig. Wenn die beiden kleinen Feen sich treffen, muss Meerwellchen ihren Kopf weit aus dem Wasser herausstrecken und ihr Hallo wirklich laut hinausschreien, damit Ginster sie hören kann.

Und die kleine Küstenfee muss auf einen Strauch klettern, um ihre

Freundin im Meer überhaupt sehen zu können.

„Was sollen wir bloß machen, damit wir endlich miteinander spielen können?", fragt Meerwellchen eines Tages.

„Ich hab's!", ruft Ginster fröhlich. „Ich bastle mir ein Floß aus Zweigen und Blüten! So kann ich raus aufs Meer und du kannst mich immer begleiten."

„Genau! Dann haben wir endlich einen Platz, an dem wir zusammen sein können. Und wir müssen nicht mehr ständig schreien!" Und genau so machen es die beiden auch: Meerwellchen zieht Ginster auf dem prächtigen

Blumenfloß über das Meer. So
können sich die beiden
Freundinnen endlich normal
unterhalten, sie spielen fröhlich
und halten sich an den Händen.
Und sie sind überglücklich, dass
sie sich so nah sein können,
obwohl sie eigentlich so unter-
schiedlich sind.

Goldflügelchens erster Schultag

Prinzessin Goldflügelchen, die jüngste Tochter des Libellenkönigs, ist fürchterlich aufgeregt. Heute ist ihr erster Schultag. Sie lebt mit ihrer Familie im Königreich ihres Vaters, das voll von bunten und duftenden Blumen ist. Ihre älteren Geschwister gehen natürlich schon längst in die Libellenschule.

Da die Libellenkönigin ihr jüngstes Prinzesschen genau kennt, kümmert sie sich darum, dass Goldflügelchen in ihrer Aufregung nichts

vergisst. „Hast du denn schon deinen Schulranzen gepackt?", fragt sie auch gleich.

„Na klar hab ich das, Mama. Aber hoffentlich habe ich nichts vergessen!" Schmunzelnd kniet sich die Königin neben ihr Töchterchen und zusammen

schauen sie sich noch mal die Liste für den ersten Schultag an. „Also, was musst du denn alles mitbringen: ein bisschen frische Erde, ein zartes Frühlingsblatt, die Kerne deiner Lieblingsfrucht und weiße Rosenblätter. Gut gemacht! Du hast wirklich an alles gedacht, was du für deinen ersten Schultag brauchen wirst!"

Danach nimmt die Königin ihren goldenen Kamm, kämmt die langen blonden Locken ihrer Tochter und flicht ihr einen schönen dicken Zopf.

„So, jetzt können wir gleich los! Halt, nein, da fehlt doch noch was! Deine Flügel sollen zum Schulbeginn richtig schön funkeln!" Mit einer Handbewegung ruft die Königin eine glitzernde Wolke herbei, die die Flügel der kleinen Prinzessin umhüllen. Goldflügelchen, immer noch ganz aufgeregt, flattert ein paarmal mit ihren schillernden Flügeln. Dann fliegt sie endlich los, um an ihrem ersten Schultag ja nicht zu spät zu kommen!

Die kleine Fee

Heute Morgen ist es
wirklich fürchterlich nass
und kalt draußen.

Anne ist in der Schule, aber oft
schaut sie aus dem Fenster,
um dem heftigen Gewitter zuzu-
sehen.
„Brrr, wie kalt muss es da draußen sein!", denkt sie. Alle Leute,
die vorbeihuschen, sehen aus wie
dick eingepackte Schneemänner.
Dann ist die Schule endlich aus.
Anne wickelt ihren bunten Schal
um den Hals und macht sich auf

den Heimweg. Der Wind ist sehr stark und der Regen scheint aus allen Richtungen zu kommen. Anne läuft ganz dicht an der Mauer entlang, damit sie nicht total durchnässt wird. „He!", ruft sie ihrem Regenschirm zu. „Hier geblieben und nicht wegfliegen." Tatsächlich reißt der Wind ihr den Schirm beinahe aus den Händen. Schnell schlüpft sie um die Ecke, doch da hört sie ein Geräusch. Es klingt, als ob jemand weinte. Ein kleines Kind vielleicht? Anne hält an und spitzt die Ohren.

Oh, wie traurig! Wer weint da bloß? Es hört sich an wie … hmmm, vielleicht ein kleines Tier? Das klingt wie ein Miauen!, denkt Anne und schaut sich schnell um, da sie das Kätzchen finden möchte. Und da – tatsächlich! Da unter dem Busch sieht Anne ein kleines, total verängstigtes Kätzchen. „Oh, du armes kleines Ding! Du bist ja ganz nass. Na komm, komm her zu mir."
Sie lässt ihren Regenschirm fallen, um das Kätzchen anzulocken. Es ist ihr egal, dass sie dabei nun auch nass wird, das arme Tier ist ihr viel wichtiger.
Zuerst ist die kleine Katze noch scheu, doch Anne schafft es schnell, sie zu beruhigen, und schon hüpft ihr das Kätzchen in die Arme.

„Toll hast du das gemacht! Jetzt bist du bald im Warmen. Ich nehme dich mit zu mir!"
Aufgeregt läuft Anne nach Hause und zeigt ihrer Mutter stolz die kleine Katze. „Mama, Mama! Schau mal, was ich gefunden habe!"
Auch ihre Mutter ist gleich begeistert. „Das ist aber ein hübsches Kätzchen. Komm schnell her,

Miauuu!

wir werden es trockenreiben und ihm dann ein bisschen Wasser geben."

Ganz vorsichtig tupft Anne die Katze mit dem Handtuch ab. Sie gibt ihr etwas zu trinken und schmust mit ihr. Wie weich und kuschelig sie ist! Auch die kleine Katze fühlt sich ganz zu Hause und schnurrt wohlig. Nachts schläft das Kätzchen ganz nahe bei Anne. In dem gemütlichen Bett ist es viel weicher und wärmer als da draußen.

Endlich schläft Anne glücklich ein und …

„Hallo, Anne!", ruft die kleine Fee vorsichtig, die Anne in ihrem Traum besucht.

„Du bist wirklich ein sehr liebes Mädchen. Tieren zu helfen ist eine gute Tat. Dafür dass du das Kätzchen gerettet hast, werde ich dir etwas schenken!" Die kleine Fee nimmt Anne bei der Hand und schon fliegen sie hoch über der Stadt.

„Oben auf den Dächern kannst du mit den Katzen sprechen, die hier leben. Sie waren heute Morgen ganz verzweifelt, weil sie nichts für das Kätzchen tun konnten und jetzt möchten sie dir Danke sagen", erklärt die Fee dem erstaunten Mädchen.

Hoch oben angekommen, wird Anne gleich von vielen Katzen umringt.

„Danke, Anne!", miaut es da im Chor.
„Tatze aufs Herz, du bist wirklich ein liebes Mädchen!
Du hast das Kätzchen aus großer Not gerettet!
Wir konnten gar nichts tun, denn wir trauen uns nicht
da hinunter. Die Leute sind oft gemein zu uns!"
„Ach ja …", miaut ein alter Kater traurig. „Manchmal,
wenn wir durch die Straßen laufen, schmeißen böse
Leute Steine nach uns oder es setzt einen Tritt aufs
pelzige Hinterteil!"
„Aber du bist ganz anders, Anne!", sagt eine hübsche
junge Katzendame. „Und dafür singen wir dir ein ganz
besonderes Lied … miauuuumiooo!"
Anne kullern vor Freude Tränen über das Gesicht –
so ein besonderes Geschenk nur für sie alleine.
Doch leider muss Anne nun wieder nach Hause, aber
vorher drückt sie noch schnell alle Katzen fest an
ihr Herz.
Am nächsten Morgen scheint die Sonne fröhlich auf
Annes Bett. Das Kätzchen schlummert friedlich neben
ihr. Anne wacht auf, streckt sich und umarmt sofort
ihren neuen Liebling.

„Guten Morgen, mein Kätzchen! Oh, was ist das denn?",
ruft sie, als sie auf dem Nachttisch etwas glitzern sieht.
„Aber … das ist ja eine kleine Krone! Schau doch mal, wie schön sie glitzert!"
Neugierig betrachtet Anne das blaue Krönchen, das ganz aus kleinen Sternen besteht.
„Da ist ja auch ein Brief: Weil du eine ganz mutige Tierfreundin bist, bekommst du von uns noch ein kleines Geschenk.
Nur Kinder, die Tieren in Not helfen, dürfen diese Krone bekommen."
Glücklich setzt sich Anne das Krönchen auf den Kopf.

„Ob das wohl eine Zauberkrone ist, die andere Leute gar nicht
sehen können? So ein schönes Geschenk habe ich jedenfalls noch
nie bekommen!", freut sich Anne und drückt das zufrieden
schnurrende Kätzchen an sich.

Lotte und Matti

Die kleine Korallenprinzessin Lotte ist die einzige Tochter des Königs-
paares. Sie lebt mit ihren Eltern ganz tief unten am Meeresboden, im
Korallenschloss. Dort unten ist es immer sehr dunkel und deshalb ist
Lottes Lieblingsfarbe Rot, das leuchtet so schön! Im dämmrigen Licht
macht es außerdem überhaupt keinen Spaß zu spielen, deswegen sind
die meisten Kinder viel lieber an der Wasseroberfläche bei den bunten
Fischen und schwimmen mit ihnen um die Wette. Oder sie spielen
mit den Krebsen am felsigen Ufer Verstecken. Wenn man am Meeres-

grund wohnt, ist es also nicht gerade einfach, Freunde zu finden. Selbst die Fische kommen nur selten zu Besuch, weil es für sie hier nur wenig Futter gibt.

Kein Wunder, dass Lotte sich manchmal langweilt und sich jemanden zum Spielen wünscht. Eines Tages sitzt sie wieder einmal in ihrem Korallenzimmer und seufzt ganz laut. Aber aufgepasst! Immer wenn ein Kind laut und lange seufzt, läutet eine große Glocke beim Elfen Matti und schon stürzt er los, um nach dem seufzenden Kind zu sehen. Er springt also ins Wasser und taucht

hinunter zum Korallenschloss. Da sitzt Lotte immer noch in ihrem Zimmer und starrt vor lauter Langeweile Löcher in die Korallenwand. Gerade als zwei große, dicke Tränen aus ihren Augen kullern, entdeckt sie den Elfen vor sich. „Hallo, Lotte!", sagt Matti mit fröhlicher Stimme. „Wollen wir miteinander Fangen spielen?"

Da lässt sich Lotte nicht zweimal bitten und schon schwimmen die beiden, so schnell sie können. Lotte muss sich ziemlich anstrengen, weil Matti richtig starke Flossen an seinen Füßen hat und ihr in der Dunkelheit hier unten fast entwischt. Als sie beide außer Puste sind, schwimmen sie noch ein bisschen spazieren und Lotte zeigt ihm die schönsten Ecken ihres geheimnisvollen Reichs. Dort gibt es viele seltsame Muscheln und ungewöhnliche Tiere. Die Zeit vergeht wie im Flug und Matti hat noch einige Aufgaben zu erledigen. „Tut mir Leid, Lotte, ich muss jetzt wieder nach oben. Aber zum Glück lachst du ja wieder, da kann ich beruhigt zum nächsten Kind", sagt er und drückt der kleinen Prinzessin zum Abschied die Hände.

Da umarmt ihn Lotte ganz fest und flüstert ihm in seine kleinen Elfenohren: „Danke, Matti! So einen lustigen Nachmittag habe ich schon lange nicht mehr gehabt. Kommst du bald mal wieder, damit wir zusammen spielen können?" Matti verspricht ihr, sie morgen wieder zu besuchen. Dann schwimmt er mit seinen großen Flossen schnell los, um nach dem nächsten seufzenden Kind zu sehen.

Überraschung im alten Schloss

Für die Sommerferien haben
Livias Eltern ein Schloss gemietet.
Es ist ein riesengroßes und sehr
altes Gebäude, das hoch oben
auf einer Klippe über dem Meer
thront.
Ganz nett, denkt Livia, aber hier
wird es bestimmt total öde. Alle
meine Freunde sind so weit weg.
Die riesigen Zimmer sind toll fürs
Versteckenspielen, aber alleine
wird das nichts. Ich wäre so gerne
in der Stadt bei meinen Freun-

dinnen. Hier treffe ich bestimmt keinen, mit dem ich spielen kann. Also bleibt Livia nichts anderes übrig als jeden Nachmittag zum Strand zu gehen, zu schwimmen, Muscheln zu suchen und Sandburgen zu bauen. „Puh, jeden Tag das Gleiche, wie langweilig …" Allmählich sehnt Livia das Ende der Ferien so richtig herbei. Dann kann sie endlich wieder mit ihren Freundinnen spielen. Aber einen Platz wird Livia vermissen: die Turmterrasse. Jeden Abend steigt sie die vielen Stufen hinauf, denn von dort oben hat sie einen tollen Blick über das Meer und in Mondnächten ist die ganze Terrasse in ein silbernes Licht getaucht. Dort oben kann Livia so richtig schön

vor sich hin träumen und sich vorstellen, eine Prinzessin in einem
verwunschenen Schloss zu sein.
Als Livia heute Abend auf die Turmterrasse kommt, spürt sie gleich,
dass es ein besonderer Abend ist, dass etwas ganz Unglaubliches
passieren wird.

„Hier ist alles so ruhig, nur
der Mond scheint wie immer.
Hm, Moment mal. So einen großen Mond habe ich ja noch nie
gesehen! Oh, was ist das denn?"
Irgendetwas kommt da vom
Himmel herunter. Zuerst sieht es
aus wie ein leuchtender Streifen,
der vom Mond bis hinunter ans
Meer reicht. Doch dann sieht
Livia, dass es eine Gruppe
seltsamer kleiner Wesen ist, die
sich auf den Mondstrahlen auf
sie zubewegt. Es sind klitzekleine
Wesen, die aussehen wie die
Ritter und Damen aus
Livias Märchenbüchern.
Aber diese hier haben auch
noch kleine leuchtende

Flügelchen auf dem Rücken.
Manche sehen aus wie die
Flügel von Schmetterlingen,
andere dagegen sind gefiedert
wie die der Vögel. Je näher die
kleinen Wesen kommen, desto
deutlicher kann Livia sie er-
kennen: Es sind auch Edelfräulein dabei und wunderschöne Prinzessinnen, die auf

ihren Köpfen Krönchen tragen, die über und über mit Edelsteinen besetzt sind.

Im nächsten Moment sind sie auch schon auf der Terrasse gelandet und plötzlich erklingt lebhafte Musik.

„Guten Abend, Livia!", sagt da eines der Wesen, das wie ein König gekleidet ist. Es hat Libellenflügel und auf dem Kopf trägt es eine goldene Krone.

„Du erlaubst, dass ich uns vorstelle: Wir sind die Elfen des Mondlichts und immer auf der Suche nach Kindern, die sich einsam fühlen. Denn sie aufzuheitern ist unsere Aufgabe."

Livia reißt ihre Augen vor Staunen ganz weit auf.

„Und wer genau bist du?", fragt sie ein wenig verwirrt.

„Ich bin der König Silber. Das siehst du auch an meinem Umhang: Er ist genauso silbern und leuchtend wie das Mondlicht, das nachts auf das Meer scheint. Genauso wie heute Nacht, siehst du?", sagt der Elfenkönig und deutet hinaus aufs Meer.

„Wir sind gekommen, um dich einzuladen", erklingt da ein zartes Stimmchen. „Denn heute Nacht findet hoch oben zwischen den Wolken das Fest des Vollmonds statt", sagt eine kleine Edeldame, die mit ihren Händchen auf eine Wolkenbank am Horizont zeigt.

„Ein Elfenfest? Und ich bin wirklich eingeladen?" Livia kommt aus dem Staunen nicht mehr heraus. Doch schon im nächsten Augenblick ist sie mitten drin in einem Wirbelwind aus kleinen Händen und schillernden Flügelchen. Auf einem silbernen Mondstrahl schwebt sie mit den Elfen zum Fest des Vollmonds.

Was sie dort erwartet, übertrifft Livias Träume bei weitem! Es sind noch viele, viele Elfen mehr auf dem Fest. Und dann die Musik! Gemeinsam mit den Edelfräulein und den Rittern tanzt Livia die ganze Nacht durch. Aber die Füße tun ihr

nicht weh, denn der Tanzboden besteht ganz aus watteweichen, weißen Wölkchen. Livia merkt gar nicht, wie die Zeit vergeht.
Bei Sonnenaufgang kommt König Silber wieder zu ihr: „Es tut mir Leid, Livia, aber es wird Zeit, nach Hause zu gehen. Denn mit dem ersten Sonnenstrahl ist das Fest des Vollmonds zu Ende."
„Oh, wie schade, gerade jetzt, wo es so lustig ist!" Aber schon schwebt Livia mit den Elfen über das Meer, auf dem die Boote noch sanft schaukeln. Die Möwen werfen ihr und ihren kleinen Freunden halb verschlafene, aber dennoch sehr erstaunte Blicke zu.

Am nächsten Morgen hat Livias Mutter Mühe, ihre Tochter aus dem Bett zu bekommen. „Livia! Wach auf, du kleines Murmeltier. Es ist schon zehn Uhr und du schläfst immer noch! Du wolltest doch heute Morgen hinunter ans Meer!"
Ganz langsam öffnet Livia die Augen und blinzelt verschlafen in die helle Morgensonne.

„Bloß noch ein bisschen, Mama. Ich bin noch so müde", murmelt sie.

„Müde? Du hast zwölf Stunden geschlafen! Du wirst mir doch nicht krank werden?", sagt sie besorgt und legt Livia ihre Hand auf die Stirn, um zu schauen ob sie Fieber hat. „Nein. Fieber hast du nicht. Du siehst sogar richtig frisch aus ... Na, ich denke mein kleines Murmeltier ist einfach ein bisschen faul heute Morgen", sagt sie schmunzelnd.

Da lacht auch Livia und drückt ihre Mutter ganz fest an sich und denkt an die schönen Erlebnisse der letzten Nacht.

Die Schmetterlings-prinzessinnen

Endlich ist der Frühling wieder
da! Überall auf den grünen
Wiesen sprießen die Blumen
hervor.

An solch schönen Tagen können Paul und Franziska nicht mehr in der Wohnung sitzen: Endlich wieder raus! Sofort flitzen sie los auf ihre Lieblingswiese. Nach dem langen Winter und dem matschigen Wetter können sie jetzt wieder so richtig herumtoben und spielen. Und wenn sie müde sind, legen sie sich einfach ins Gras und beobachten die Wolken, die am Himmel vorbeiziehen.

Auch heute haben sie sich nach dem Spielen wieder lang hingestreckt, aber an Erholung ist diesmal nicht zu denken. Denn nicht weit entfernt von ihnen steht ein wunderschöner Strauch mit großen duftenden Blüten.

„Riechst du das auch? Der Strauch da hinten hat doch noch nie so stark geduftet, oder?"

„Stimmt! Als ob jemand Parfüm darübergeschüttet hätte. Ob er so riecht, weil es heute so warm ist?"

Jetzt sind Paul und Franziska richtig neugierig geworden, vor allem da der Duft immer stärker wird. Schnell springen die beiden auf und laufen zu dem Strauch. „Schau doch mal, Paul, so schöne Blüten", sagt Franziska und bückt sich, um die rosafar-

benen Blüten besser anschauen
zu können.

„So komische Blüten habe ich
noch nie gesehen … Die bewegen
sich ja!"

Im selben Moment heben die
Blütenkelche plötzlich von den
Stielen ab.

„Aber das sind ja Schmetterlinge!", ruft Paul ganz erstaunt.

„Stimmt! Sie haben sich bestimmt
auf dem Strauch ausgeruht und
wir haben sie erschreckt."

„Keine Sorge, ihr habt uns nicht erschreckt!", lässt sich da auf einmal ein Stimmchen hören. „Vor Kindern haben wir doch keine Angst! Im Gegenteil, wir sind ihre Freunde!" Franziska und Paul schauen sich verdutzt an. „Wer seid ihr denn?"

„Wir sehen zwar aus wie Schmetterlinge, aber wir sind keine. Wir sind die kleinen Prinzessinnen der zauberhaften Orte. Kommt ruhig näher, dann könnt ihr uns besser sehen", sagt ein kleines Persönchen mit langen goldblonden Haaren und großen blauen Augen.

Neugierig treten die beiden näher an den Strauch heran
und betrachten die kleinen Wesen: Mit ihren hübschen,
bunt schimmernden Flügeln erinnern sie auf den ersten Blick
wirklich an Schmetterlinge. Doch aus der Nähe betrachtet
sehen sie wie klitzekleine Kinder aus.
„Wie schön ihr seid!", sprudelt es aus Paul und Franziska
hervor. „Aber was sind denn die zauberhaften Orte?"
Vergnügt kichert die kleine Schmetterlingsprinzessin und
lässt die Luft mit ihren schimmernden Flügeln vibrieren.
„Die zauberhaften Orte sind unsere Heimat. Schaut euch

einfach um! Es gibt viele von
ihnen. All die Plätze, an denen
ihr euch besonders wohl fühlt
oder die besonders schön sind,
sind solche zauberhaften Orte.
Zum Beispiel die Wiese hier, sie
ist wunderschön und für euch

ist sie ein besonderer Ort, denn ihr kommt jeden Tag hierher um zu spielen …"

Mitten im Satz wirbelt die kleine Schmetterlingsprinzessin ihren Zauberstab und im Blütenstrauch erscheinen Bilder von anderen schönen Orten.

„Paul, schau nur!", ruft Franziska, „das ist der Strand, an den wir immer in den Sommerferien fahren."

„Und hier! Das ist die alte Mühle, an der wir oft vorbeikommen, wenn wir mit unseren Eltern spazieren gehen!"

„Oh, und da … Das ist der alte Schaukelstuhl von Oma! In dem sitzt sie und strickt uns kuschelige Winterpullis!"

Und so geht es weiter und weiter, bis es für Franziska und Paul Zeit ist, nach Hause zu gehen. Der Nachmittag ist viel zu schnell vergangen!

Die beiden verabschieden sich
von der kleinen Schmetterlingsprinzessin. „Vielen Dank für den
schönen Nachmittag, Prinzessin.
Hoffentlich sehen wir uns bald
wieder!"
„Auf Wiedersehen, ihr zwei!
Und denkt daran: Schaut euch
immer genau um, wenn ihr an
euren Lieblingsorten seid, denn
wir sind ganz bestimmt in der
Nähe!"

Bei diesen Worten umhüllen sich die kleinen Prinzessinnen
wieder mit ihren Flügeln und verwandeln sich vor den
Augen der Kinder in zarte, duftende Blüten.
Und du? Verrätst auch du deine zauberhaften Orte?

Das magische Halsband

Willi ist das kleinste Hunde-
baby in seiner Familie.
Seine Brüder sind viel größer
und stärker als er und oft
ärgern sie ihn. Vor allem
dann, wenn er nicht an den
Fressnapf kommt, weil das
Frauchen ihn mal wieder auf
die Treppenstufe gestellt hat.

Meistens ist es Willi egal, was seine Brüder sagen, aber manchmal ist es ihm doch zu viel. Dann macht er sich allein auf den Weg in den Garten, anstatt mit seinen Brüdern zu spielen.

An einem schönen Frühlingstag wackelt Willi mal wieder traurig im Garten umher, als er mit seinem Näschen plötzlich einen sehr seltsamen Geruch erschnuppert. Er folgt dem Geruch, die Spürnase immer dicht am Boden. Nachdem er um eine Ecke gebogen ist, stößt er beinahe mit einem kleinen Elf zusammen, der es sich auf einem großen Pilz bequem gemacht hat.

„Hallo, Willi! Haben dich deine Hundebrüder mal wieder geärgert?"

Wie komisch dieses Ding riecht. Es sieht aus wie ein Herrchen, aber ich weiß genau, dass es kein Herrchen ist, denkt sich Willi und schaut das Wesen verdutzt an. Er rümpft seine Hundenase und lässt ein kurzes Knurren hören.

„Du brauchst keine Angst zu haben, komm ruhig her. Ich will dir etwas schenken", sagt der Elf.

Willi kommt langsam näher,
doch dann hält er an und bellt –
schließlich soll ihn dieser kleine
Kerl nicht unterschätzen!
„He, du brauchst nicht zu bel-
len! Ich habe noch gute Ohren!",
ruft der Elf. „Komm ruhig her,
ich bin doch dein Freund."
Jetzt ist Willi doch neugierig
geworden und er geht näher an

das seltsame Wesen heran.
Zwar immer noch vorsich-
tig, aber jetzt wedelt er doch
ein kleines bisschen mit dem
Schwanz.
„Na endlich!", sagt der Elf.
„Ich möchte dir dieses magi-
sche Halsband schenken.

Es wird dir helfen. Denn jedes Mal, wenn du nun an den Fressnapf kommst, wirst du zu einem großen Hund werden, sodass
du endlich in aller Ruhe fressen kannst. Sonst wirst du nie groß
und stark werden. Und wenn du satt bist, wirst du wieder deine
normale Größe zurückbekommen. Probier's aus!"

Mit diesen Worten verschwindet der kleine Elf in einer gold-
farbenen Wolke und Willi fühlt um seinen Hals ein leichtes,
schmales Halsband. Als es am Abend wieder Futter gibt,
laufen alle Hunde hungrig zum Fressnapf – auch Willi, obwohl er wie immer ein bisschen zurückbleibt.

„He, Willi!", necken ihn seine Brüder. „Glaubst du,
du kommst heute endlich an den Napf? Wer weiß,
vielleicht haben sie ihn wieder auf die Treppenstufe
gestellt?"
Willi wird ganz traurig, doch dann erinnert er sich
an das Halsband, das er geschenkt bekommen hat.
Versuchen kann ich es ja mal, denkt er sich.
Und tatsächlich! Kaum ist er am Fressnapf angekommen, werden seine Beine immer länger und
länger, bis er schließlich größer ist als seine Brüder.
Die schauen ihren kleinen großen Bruder völlig
verblüfft an.
„Hm, ist das lecker heute!", ruft Willi seinen
Brüdern zu. „Wirklich richtig lecker!"
Doch er hat ein gutes Herz, und nachdem er satt ist
überlässt er seinen Brüdern den Platz am Napf.

„Von Willi können wir wirklich
noch etwas lernen. Er ist zwar
der Kleinste von uns, aber auch
der Großzügigste …"
Und nachdem alle satt geworden
sind spielen sie fröhlich miteinander. Und niemand ärgert
mehr den kleinen großen Willi.

Der geheimnisvolle Koffer

Julia ist bei ihrer Freundin zu einem Faschingsfest eingeladen.
Eigentlich liebt sie solche Partys, aber heute hat sie einfach keine
Idee, als was sie sich verkleiden könnte.
Da steht sie jetzt schon ewig vor einem riesigen Berg bunter Stoffe
und ist ganz ratlos.
„Was soll ich bloß anziehen?", mault sie herum. „Ich weiß einfach

nicht, wie ich mich verkleiden soll, aber irgendwas muss mir einfach einfallen!"

„Geh doch mal auf dem Dachboden nachschauen", schlägt ihre Mutter vor. „Da haben wir noch einen alten Koffer, in dem ich die schönen Sachen deiner Uroma aufbewahre. Da findest du bestimmt etwas, was du heute anziehen kannst."

Neugierig klettert Julia die lange und steile Treppe zum Dachboden hinauf. Langsam öffnet sie die knarrende Luke und schon befindet sie sich in einem großen

Raum, der vom warmen Licht der Sonne erleuchtet ist, das durch das kleine Dachfester hereinkommt.

„Puh! Hier riecht es aber muffig", murmelt Julia, während sie auf dem Dachboden herumstöbert. Da sieht sie endlich den großen, alten Koffer aus dunklem Leder und ganz langsam öffnet sie ihn ...

„Huh, wer hat denn da das Licht angeknipst? Wir wollen doch noch schlafen!", ertönen plötzlich einige ziemlich verschlafene Stimmen.

„Da haben wir gerade mal hundert Jahre geschlafen und schon
kommt einer, der uns gleich wieder aus dem Schlaf reißen muss.
Na weißt du denn nicht, dass wir sehr müde sind?"
Erschrocken lässt Julia den Kofferdeckel wieder zufallen.
„Aaahhhh!", ruft sie. „Was war das denn? Vielleicht habe ich mir
alles nur eingebildet? Vielleicht waren es nur Mäuschen?"
Julia nimmt all ihren Mut zusammen und öffnet den Koffer ein
zweites Mal. Kaum ist der Deckel einen Spalt offen, schallt es ihr
sofort entgegen: „He, was ist denn nun schon wieder los?
Entscheide dich mal! Wenn du etwas willst, dann mach den Deckel
endlich auf und zeig dich! Und sei nicht so unhöflich, sondern
stell dich endlich vor!"

Julia überlegt nicht lange, öffnet den Koffer und sofort strecken sich ihr aus dem Inneren drei kleine Köpfe entgegen. „Oh, na endlich! Wollen wir wetten, dass du heute zu einer Faschingsparty eingeladen bist und etwas zum Anziehen brauchst?"

„Ja, aber wer seid ihr denn?", ruft nun auch Julia ganz verblüfft. „Wir sind die verwunschenen Feen des Dachbodens, sieht man das denn nicht? Wir dagegen sehen schon, was du möchtest, ohne dass du den Mund überhaupt aufmachst. Du suchst ein schönes Kleid für das Faschingsfest heute, oder?"

Da muss Julia lachen und nickt eifrig mit ihrem Kopf.

„Also, meine Lieben", sagt da die eine Fee zu den anderen beiden, „dann lasst uns mal auf die Suche gehen."

Sofort hört man es in dem alten Koffer rumpeln und rascheln und abwechselnd kommen bunte Kleider und Schals, verrückte Hüte mit langen weichen Federn, spitze Schuhe und lange Glasperlenketten zum Vorschein.

„So, hier hast du alles. Such dir aus, was dir am besten gefällt, dann räum den Rest wieder in den Koffer. Aber alles ganz leise,

wenn wir bitten dürfen! Wir haben nur ein Nickerchen von hundert Jahren gemacht. Ständig müsst ihr Kinder uns zu Fasching stören. Aber na ja, Schwamm drüber. Viel Spaß heute und für uns geht's jetzt wieder ab ins Schlummerland!"

„Ab ins Schli-Schla-Schlummer-land!", rufen da auch die beiden anderen Feen und schon ist der Koffer wieder fest verschlossen. Den Arm voller toller Kleider klettert Julia wieder nach unten. Klar, dass sie auf diesem Faschingsfest die Hübscheste war!

Die kleine Mondprinzessin

Ist der Mond nicht zauberhaft? Entweder ist er so kugelrund wie ein erleuchteter Ballon, der alles mit seinem silbernen Licht bescheint oder er ist so schmal, dass man ihn beinahe für eine Tür halten könnte, die jemand da oben offen gelassen hat und durch die noch ein wenig Licht scheint. Sooft wir den Mond auch sehen, es kennt doch kaum jemand die außergewöhnliche Bewohnerin des Mondes. Es ist die kleine Mondprinzessin.
Sie ist eine wirklich königliche Erscheinung, diese Prinzessin.
So hübsch und groß und schlank und immer in elegante silberne oder türkisfarbene Gewänder gekleidet.

Ganz so vornehm, wie sie scheint,
ist sie aber doch nicht, die kleine
Mondprinzessin. Sie liebt es, zu
spielen und alle möglichen
Streiche auszuhecken und sich
zu verkleiden.
„Hm, was soll ich heute Abend
bloß machen?", überlegt sie.

„Ich hab's! Ich verwandle mich
in ein kleines Mädchen und gehe
auf den Dächern einer Stadt da
unten spazieren!"
Kaum hat sie sich eine schöne
Stadt ausgesucht, runzelt sie ganz
konzentriert kurz ihre Stirn –
und schwups, schon wandelt ein
kleines Mädchen über die
Dächer der Stadt. In seiner Hand
hält es ganz fest ein langes Band,
an dem ihm der Mond wie
ein artiger kleiner Hund folgt.

„Was könnte ich denn heute Abend sonst noch machen?
Gestern bin ich die ganze Zeit bei dieser alten Schloss-
ruine am Meer gewesen. Im Meer kann ich mein Licht
so schön leuchten lassen. Aber heute will ich nicht schon
wieder die Elfen dort besuchen", grübelt die Mondprinzessin.
„Jetzt hab ich's! Heute werde ich ganz weit in den
Norden gehen und mir den schönen, weichen Schnee

dort anschauen. Und wenn ich da mein silbernes Licht
leuchten lassen, wird es auf dem Schnee aussehen wie
tausend kleine Diamanten, die um die Wette funkeln." –
So ein bisschen eitel ist sie doch, die kleine Mondprinzessin!
Schnell macht sie sich also auf den Weg nach Norden.
Wie schön die schneebedeckte Landschaft aussieht! Als
hätte jemand die Berge und Täler mit Zucker bestreut!

95

Doch die Freude darüber währt nicht lange. Schon bald ist der kleinen Prinzessin wieder langweilig. Immer nur dasitzen und in die weiße Landschaft gucken. So richtig spannend ist das nicht. Zum Glück muss sie sich nur wieder kurz konzentrieren und schon verwandelt sie sich erneut. Jetzt in eine kleine Dame in einem langen Nachthemd. Und mit einer großen Blume schwebt sie

zur Erde – wie an einem duftenden Fallschirm. Die silberne
Mondsichel lässt sie diesmal
oben am Himmel stehen, damit
sie sich ungestört in der neuen
Stadt umschauen kann. Das ist
nämlich viel aufregender! Und
während wir alle schlafen,
spaziert die Mondprinzessin
fröhlich und neugierig auf den
hohen Dächern der Stadt umher. Und manchmal schaut sie
durch ein Fenster und beobach-
tet uns, wie wir friedlich in
unseren Betten schlafen.
Und gerade weil wir schlafen,

können wir sie eigentlich nie sehen. Wenn du aber
nachts mal aufwachst und ganz vorsichtig und leise zum
Fenster schleichst, kannst du in dem großen, kugeligen
Vollmond vielleicht ein lächelndes Gesichtchen erken-
nen! Lächle doch einfach mal zurück, bevor du wieder

in dein warmes, weiches Bett
kletterst. Denn wer weiß, vielleicht kommt die kleine Mondprinzessin ja eines Tages
zu Besuch, um auch über deinen
Schlaf zu wachen!

Eine zauberhafte Schulstunde

„Am liebsten würde ich heute im Bett bleiben und gar nicht zur Schule gehen." Leise brummelnd schleicht sich Mia aus ihrem schönen warmen Bett und schaut aus dem Fenster – was für ein milder, sonniger Tag.

„Aber am allerliebsten würde ich jetzt ans Meer gehen und am Strand spielen", sagt sie zu sich. Doch es hilft alles nichts und so geht Mia wie jeden Morgen ins Bad, zieht sich an, frühstückt und verlässt dann mit ihrem voll beladenen Schulranzen das Haus.

Gleich in der ersten Stunde hat die Klasse Biologie.
„Guten Morgen, Kinder. Bitte schlagt eure Bücher auf
Seite 33 auf und schaut euch die Bilder darauf an!",
sagt die Lehrerin.
Immer nur Bücher lesen, wie öde, denkt Mia.
Doch plötzlich hört sie dicht an ihrem Ohr eine leise
Stimme, die ihr zuflüstert: „Warum schaust du nicht
einfach mal auf die Fotos der Seite 33?"
Vor Schreck ruft sie laut: „Wer spricht denn da?" –
„Mia, sei bitte still!", sagt die Lehrerin. „Schlag dein
Buch auf und pass nun auf."
Mia öffnet daraufhin lustlos die Seite. Doch was sieht

sie da vor sich? Wunderschöne Fotos des Meeres!
Sie entdeckt umherschwimmende Fische und auch
ein kleines Seepferdchen.

„Siehst du?", flüstert da die leise Stimme wieder in ihr
Ohr. „Dem Unterricht zuzuhören kann auch mal richtig schön sein! Und damit viele Kinder, die genauso
wenig Lust auf die Schule haben wie du, endlich wieder fröhlich zum Unterricht kommen, helfe ich, wo
ich nur kann. Ich bin nämlich der kleine Lehrerhilfswichtel!" Da lacht Mia und blickt sich neugierig um,
damit sie den Lehrerhilfswichtel endlich auch einmal
zu Gesicht bekommt.

„Hallo, Mia, aufpassen!", ermahnt sie die Lehrerin wieder. „So Kinder, auf der Seite 33 seht ihr viele Bilder vom Meer – schaut euch nur die schönen Fotos an!"

Da ist Mia plötzlich hellwach und schaut sich interessiert die Fotos und die Erklärungen an. „Oh, wie schön! Wie es wohl da unten auf dem Meeresboden aussieht?", fragt sie sich.

Zufrieden gluckst der Wichtel vor sich hin und sagt: „Pass nur auf, die Lehrerin wird es dir gleich erklären. Du musst einfach nur aufpassen, dann kann so ziemlich jedes Fach interessant sein."

Aufmerksam hört sich Mia nun die Erklärungen der Lehrerin an. Kaum ist die Schule aus, läuft Mia flink nach Hause, damit sie ihrer Mutter alles erzählen kann:

„Mama, Mama! Heute habe ich alles über das Meer gelernt. Weißt du eigentlich, wie viele tolle Dinge es da unten auf dem Meeresboden gibt."

Der Buchelf

„Ähä, ähä! Uff, wie viel Staub hier herumliegt! Hier im Lesezimmer müsste auch mal wieder abgestaubt werden!", schnieft Charlotte, die in dem Zimmer voller alter Bücher herumstöbert. Heute ist sie mit ihrer ganzen Familie in das alte Landhaus gefahren und Mama hat ihr aufgebrummt, das Lesezimmer ein bisschen in Ordnung zu bringen,

während sie die Küche sauber macht. Paps ist dabei, an dem alten, halb verrosteten Auto in der Garage herumzubasteln, und ihr großer Bruder Jakob gießt die Blumen im Garten.

„Puh, wo soll ich da bloß anfangen?", überlegt Charlotte mit lauter Stimme. „Vielleicht bei den großen Büchern da hinten, die sehen so richtig alt aus. Die sind bestimmt schon hunderte von Jahren alt."

„Ha, von wegen hundert Jahre!", lässt sich da eine Stimme hören. „Die Bücher waren schon da, als ich geboren wurde, und ich bin, äh, also ich bin … Na Potzblitz, da hab ich doch glatt meinen Geburtstag vergessen! Also, lass mich mal überlegen: Diesen kleinen französischen Kaiser, der immer seine Hand in die Jacke steckte, also diesen Napoleon,

den gab es da schon nicht mehr. Also das sind … ja wirklich, das ist schon zweihundert Jahre her! Da bin ich doch glatt schon zweihundert Jahre alt!"

Vor lauter Schreck fällt Charlotte der Staubwedel aus der Hand und wirbelt ein ganze Wolke lustiger Staubflöckchen auf.

„Wer, wer spricht denn da?", fragt sie ganz vorsichtig.

„Wie? Was? Was gibt's denn da zu stottern? Wieso soll ich denn nicht sprechen? Du redest ja schließlich auch und außerdem hast du damit angefangen!"

Charlotte nimmt ihren ganzen Mut zusammen und nähert sich dem Bücherregal, aus dessen Richtung die Stimme kommt. Mitten zwischen den Büchern steht ein kleines, dickes Männchen, das ganz in

dunklen Samt gekleidet ist. In seinem Mund steckt eine Pfeife, die so lang ist, dass sie das darunter liegende Regalbrett berührt. „Wer bist du denn?", fragt Charlotte zaghaft.

„Mein liebes Kind, vielleicht solltest du dich erst mal vorstellen! Du kommst hier so einfach in mein Haus spaziert und grüßt mich noch nicht mal!", antwortet das

Männchen und fuchtelt hektisch mit seiner kleinen Hand. Charlotte entschuldigt sich und geht ein wenig näher heran. „Ich bin der Buchelf. Oder besser gesagt, der Zauberer der Bücher!"
Der kleine Kerl setzt sich auf seinen Allerwertesten und lehnt sich an ein altes Buch. Dabei wird eine große Staubwolke aufgewirbelt und sofort beginnt Charlotte wieder zu niesen. Der Elf allerdings scheint sehr zufrieden mit dem rieselnden Staub und saugt mit seiner Nase genüsslich die kribblige Luft ein. „Ah! Heute Morgen ist die Luft besonders gut!

Schön staubig. Da du ja gerade nicht viel zu tun hast, wie mir scheint, könntest du so nett sein, und mich auf einen Spaziergang dort in dem Buch über die alten Zeiten begleiten? Ich müsste mich da mal wieder blicken lassen. Und wenn du möchtest, könnten wir auch einen kleinen Abstecher zu den Märchen machen, was meinst du?"

Ohne ihre Antwort abzuwarten, nimmt der Elf Charlottes Hand und sofort schrumpft das Mädchen auf die Größe des Männchens.

„Ich möchte zuerst die alten Zeiten besuchen!", ruft Charlotte
noch schnell.

„Sehr gut!", antwortet der Elf. „Da wollte ich auch zuerst vorbei-
gehen."

Nur einen klitzekleinen Augenblick später ist Charlotte schon in
lange, wallende Kleider gehüllt und findet sich in einer uralten Stadt
wieder. Sie sieht Tempel aus Marmor, weiße Häuser mit großen
Säulen und Herren, die ihre vergoldeten Wagen lenken.

„Na, gefällt es dir?", fragt der Elf lachend als er ihr glückliches

Gesicht sieht. „Warte erst ab, bis wir bei den Märchen sind!"
Und schon besucht Charlotte Zauberschlösser und Märchenwälder,
und trifft fliegende Drachen, Prinzessinnen und Hexen. All das versteckt sich in den Seiten der alten Bücher!
„Charlotte! Du sollst nicht träumen, sondern das Lesezimmer auf-
räumen. So werden wir nie fertig." Charlotte wird von der Stimme
ihrer Mutter aufgeschreckt. Gerade jetzt, wo sie es sich hier auf dem
Teppich so gemütlich gemacht und ihren Kopf an dieses schöne alte
Buch mit dem goldenen Umschlag angelehnt hatte.

„Oh, du hast das Buch gefunden, aus dem mir dein Opa immer vorgelesen hat, als ich noch ein kleines Mädchen war!", ruft da ihre Mutter und setzt sich neben Charlotte, um gemeinsam mit ihr in den Seiten zu blättern.
„Schau nur, das ist das alte Lesezeichen, das schon dem Opa meines Opas gehört hat! Siehst du? Darauf ist das Bild eines Elfen. Mein Opa hat mir immer erzählt, dass dieses kleine Stück Papier magische Kräfte besitzt ... Er hatte eben schon immer viel Fantasie!"

Die Geburtstagstorte

Immer wenn die Mutter in der Küche einen leckeren Kuchen backt, ist Daniela eifrig dabei, ihr zu helfen. Vor allem das Auslecken der Schüsseln übernimmt sie sehr gerne. Aber heute ist alles ein wenig anders: Danielas Mutter hat Geburtstag und da möchte sie ihr als Geschenk ganz alleine eine Torte backen.

Daniela schleicht sich schon ganz früh in die Küche. Dort öffnet sie den Küchenschrank und holt sich Mehl, Zucker und Eier. Auch ihr kleiner Kater Mauz ist durch das ungewohnte Hin und Her ganz neugierig geworden und folgt

Daniela auf Schritt und Tritt.
Doch als sie die Milch aus dem
Kühlschrank holt, ist Mauz so
richtig in Spiellaune und springt
auf den Tisch.
Schwups – und schon landet
das Mehl auf dem Fußboden.
Es sieht fast so aus, als ob es
geschneit hätte.
Erschrocken springt Daniela
dazu und schon purzeln auch die
Eier auf den Boden. Mauz ist das
ziemlich egal, er möchte einfach
endlich sein Frühstück bekom-

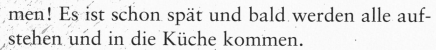

men! Es ist schon spät und bald werden alle aufstehen und in die Küche kommen.

Daniela ist ganz verzweifelt. „Oh nein, Hilfe!", ruft sie ganz erschrocken. „Wie es hier nur aussieht! Wenn Mama gleich kommt, findet sie statt der Torte nur das Durcheinander. Mauz, du kleiner Schlingel! Jetzt müsste es wirklich eine gute Fee geben, die mir mit einem Zauberstab helfen kann."

Kaum hat sie ausgesprochen, da hört sie eine leise Stimme: „Wer ruft mich da? Oh, ein kleines Mädchen, das in Schwierigkeiten ist! Und eins-zwei-drei, da bin ich auch schon."

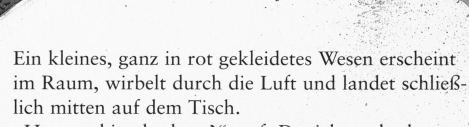

Ein kleines, ganz in rot gekleidetes Wesen erscheint im Raum, wirbelt durch die Luft und landet schließlich mitten auf dem Tisch.

„He, wer bist du denn?", ruft Daniela und schaut das Männchen mit großen Augen an.

„Ich bin heute dein persönlicher Küchenhelfer! Ich komme nämlich immer zu Hilfe, wenn sich jemand in Schwierigkeiten befindet. Manchmal spüle ich nachts die Teller, wenn deine Mama zu müde dazu gewesen ist, oder ich fege den Boden auf. Manchmal, wenn es plötzlich zu regnen beginnt, hole ich sogar die Wäsche von der Leine!"

„Oh bitte, bitte hilf mir doch auch!", ruft Daniela verzweifelt.

„Hast du gesehen, was Mauz da angestellt hat? Und dabei wollte ich meine Mutter doch mit einer leckeren Geburtstagstorte überraschen."

Der kleine rote Elf fängt plötzlich an, sich wie ein Brummkreisel zu drehen und dabei fuchtelt er mit seinen Ärmchen in der Luft herum. Kaum hat er wieder angehalten, lehnt er sich ein wenig außer Atem an das Tischbein und japst: „Bitte schön, meine Kleine!"

Und tatsächlich: Das Mehl rieselt zurück in die Dose und der Boden

ist wieder blitzblank, die Eier sind wieder heil und sogar die Pföt-
chen von Mauz sind restlos sauber.

„Hurrah!", ruft Daniela glücklich. „Danke, kleiner Elf!"

Sie dreht sich nach allen Seiten, um sich bei dem Elf zu bedanken,
doch der ist so schnell verschwunden, wie er auch gekommen war.
Dafür steht jetzt auf dem Tisch eine wunderschöne und herrlich rie-
chende Torte. Da kommt auch schon Danielas Mutter in die Küche
und ruft erstaunt: „Hallo, Daniela! Was ist das denn für ein leckerer
Duft, der mich da geweckt hat? Oh, was für eine schöne Torte. Das
hast du aber wirklich toll gemacht! Danke, mein kleiner Schatz!"
Ich habe dir zu danken, kleiner Elf!, denkt Daniela. Ohne dich
hätte ich das nie geschafft!